POKÉMON

HOW TO DRAW

2021 ©

PIKACHU

Step 1

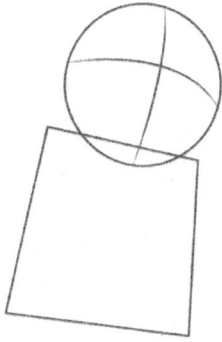

Step 4

Step 2

Step 5

Step 3

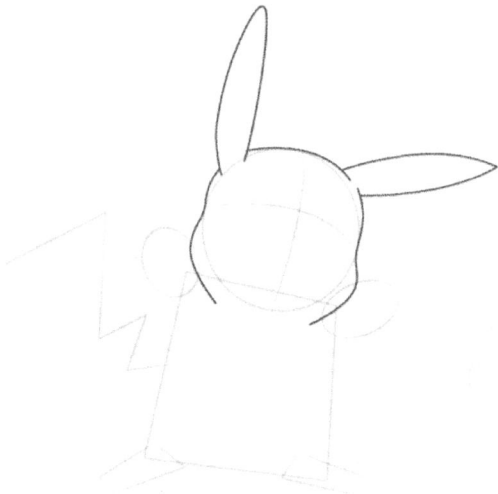

Step 6

PIKACHU

Step 7

Step 10

Step 8

Step 9

AIPOM

Step 1

Step 4

Step 2

Step 5

Step 3

Step 6

AIPOM

Step 7

Step 10

Step 8

Step 9

Step 3

ARON

Step 6

Step 2

Step 5

Step 1

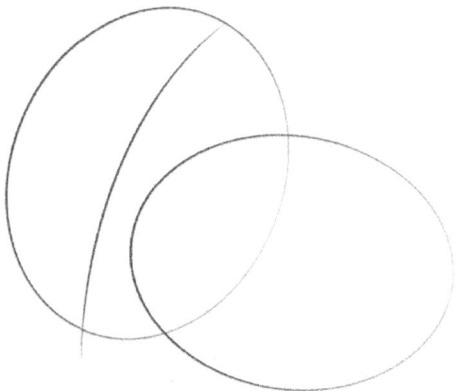

Step 4

AZELF

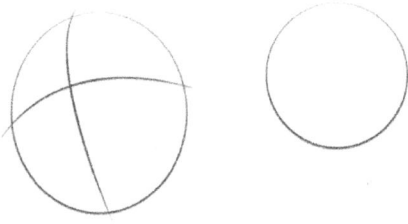

Step 1

Step 2

Step 3

Step 4

Step 5

Step 6

Step 3

BLACK KYUREM

Step 6

Step 2

Step 5

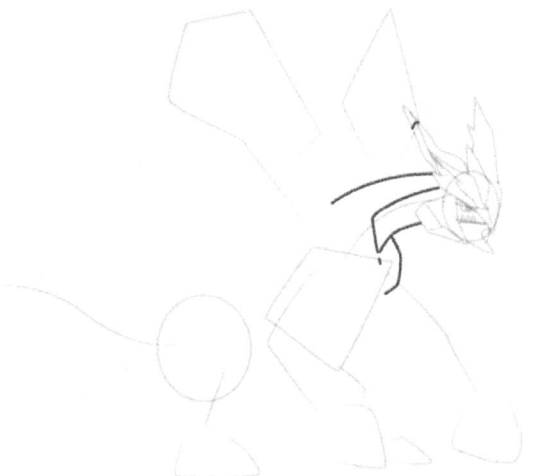

Step 1

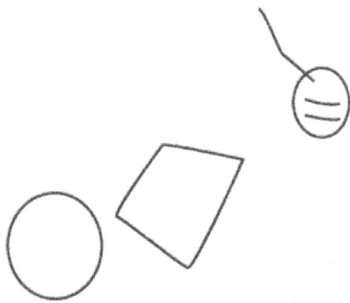

Step 4

Step 9

BLACK KYUREM

Step 12

Step 8

Step 11

Step 7

Step 10

BUIZEL

Step 1

Step 2

Step 3

Step 4

Step 5

Step 6

BUIZEL

BULBASAUR

Step 3

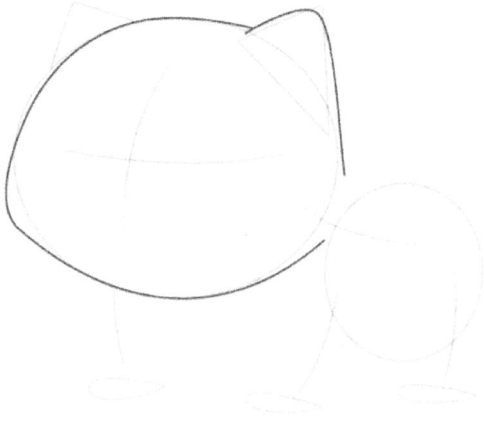

Step 6

Step 2

Step 5

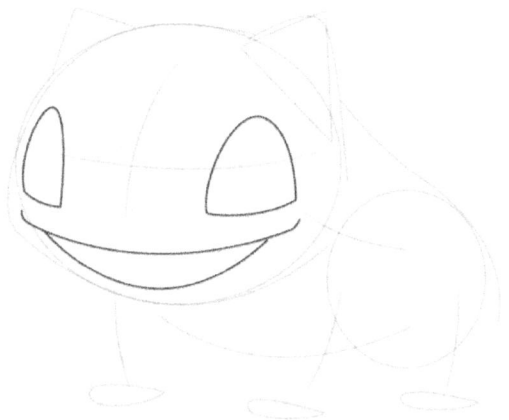

Step 1

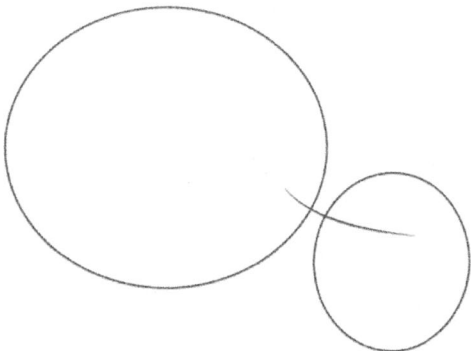

Step 4

Step 9 **BULBASAUR**

Step 12

Step 8

Step 11

Step 7

Step 10

BUNEARY

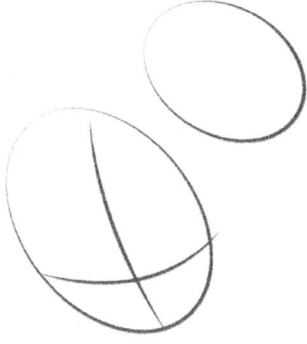

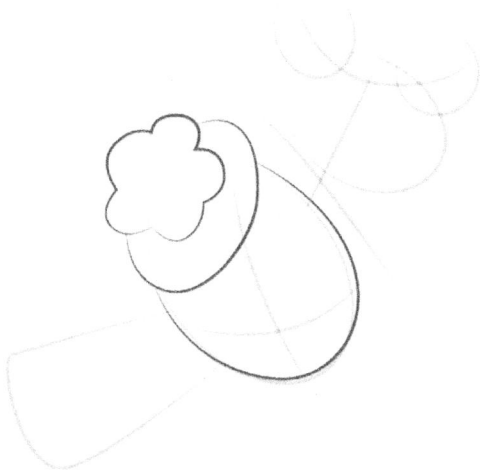

BUNEARY

Step 3

CHARMANDER

Step 6

Step 2

Step 5

Step 1

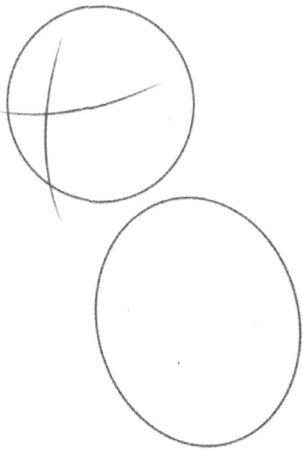

Step 4

Step 9

CHARMANDER

Step 12

Step 8

Step 11

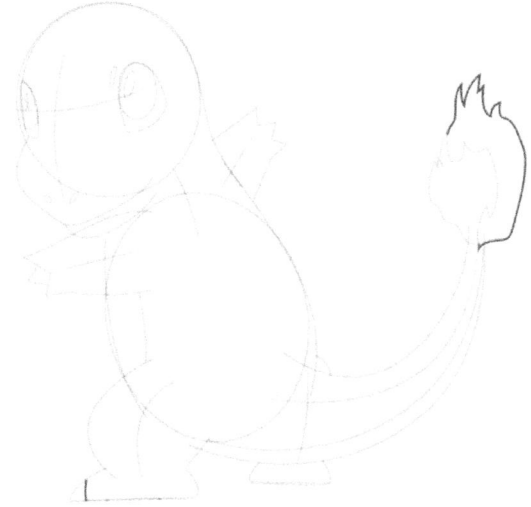

Step 7

Step 10

CHIKORITA

Step 1

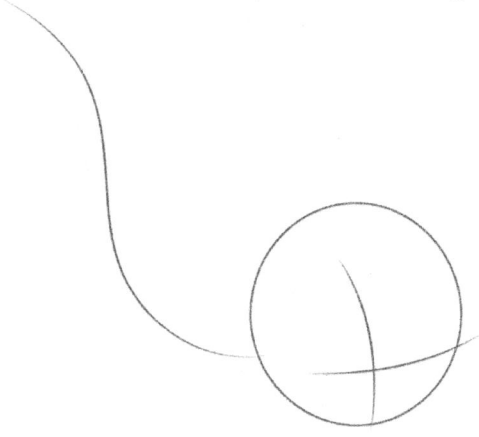

Step 2

Step 3

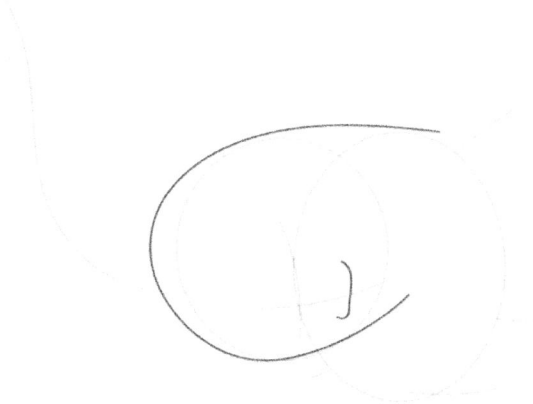

Step 4

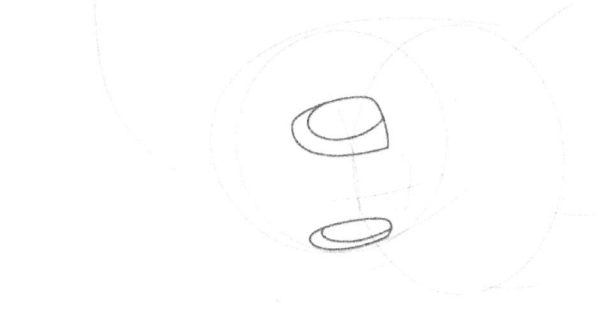

Step 5

Step 6

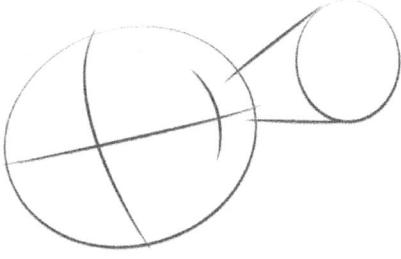

Step 1

Step 4

Step 2

Step 5

Step 3

Step 6

CHIMCHAR

Step 7

Step 10

Step 8

Step 9

Step 3

CLEFFA

Step 6

Step 2

Step 5

Step 1

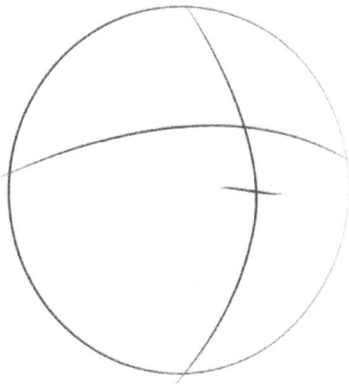

Step 4

CROAGUNK

Step 1

Step 2

Step 3

Step 4

Step 5

Step 6

CROAGUNK

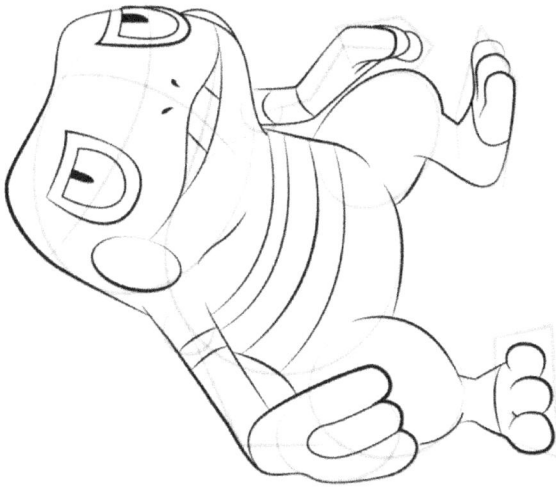

CYNDAQUIL

Step 3

Step 6

Step 2

Step 5

Step 1

Step 4

HAPPINY

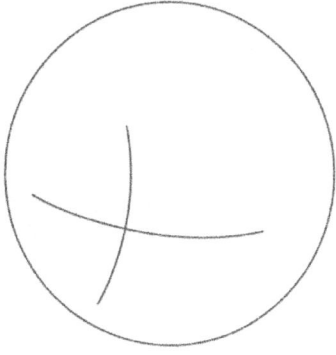

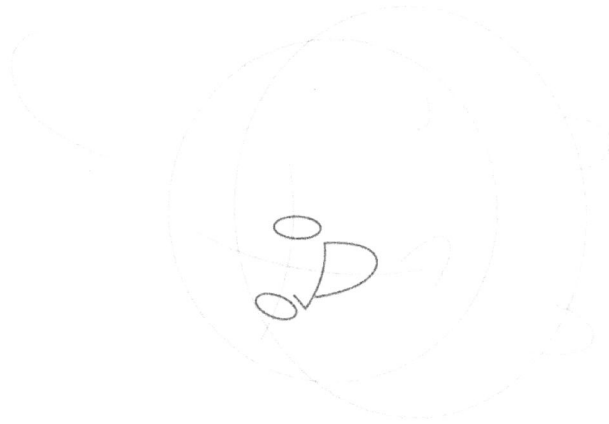

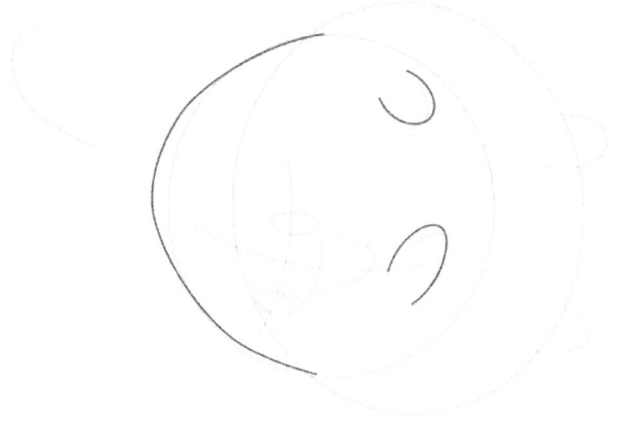

IGGLYBUFF

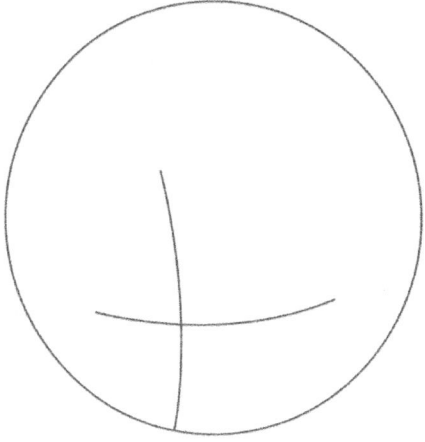

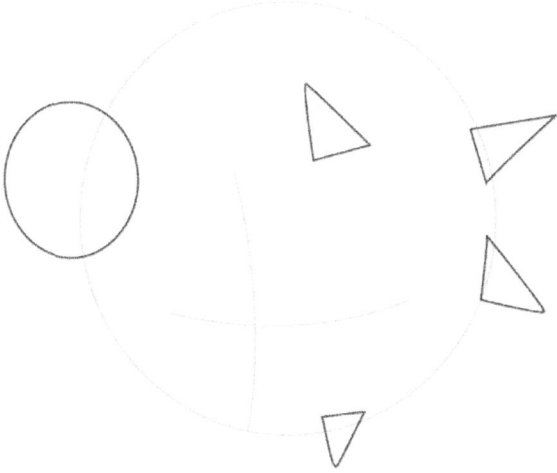

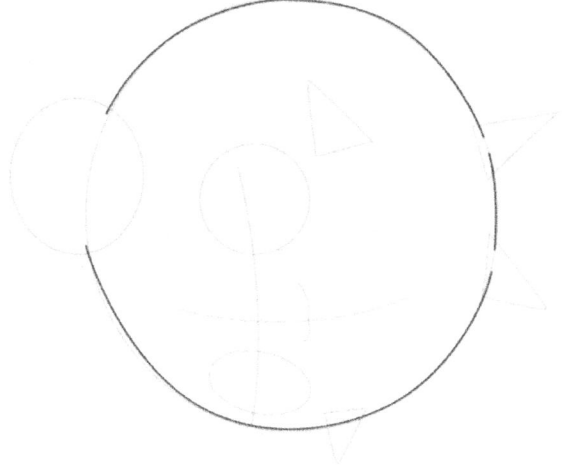

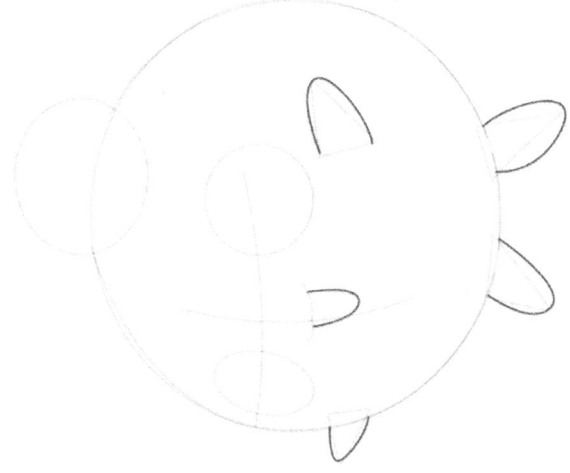

LICKILICKY

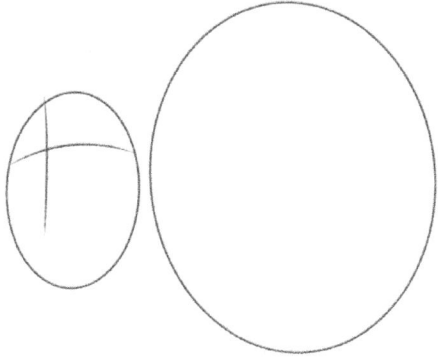

LOTAD

Step 3

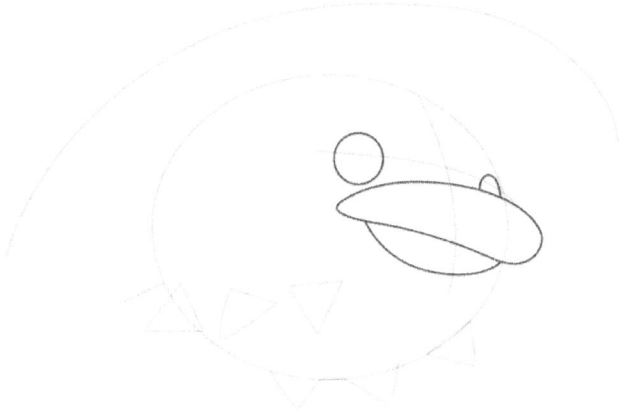

Step 6

Step 2

Step 5

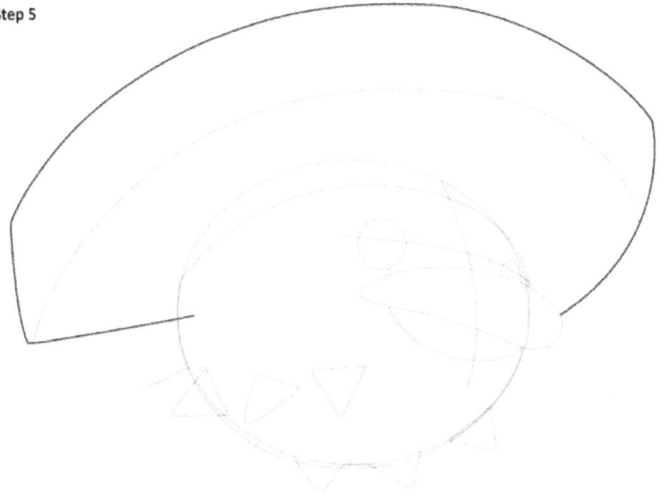

Step 1

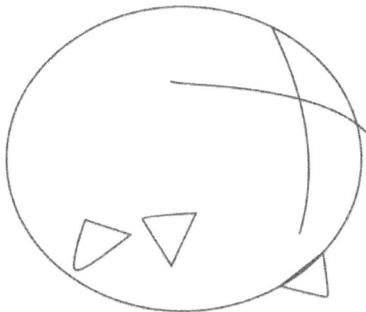

Step 4

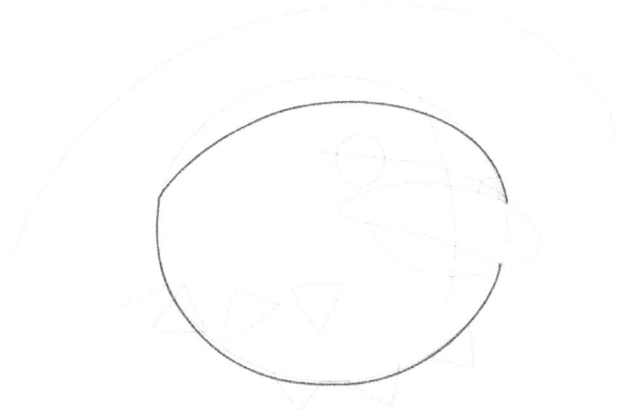

MANTYKE

Step 3

Step 6

Step 2

Step 5

Step 1

Step 4

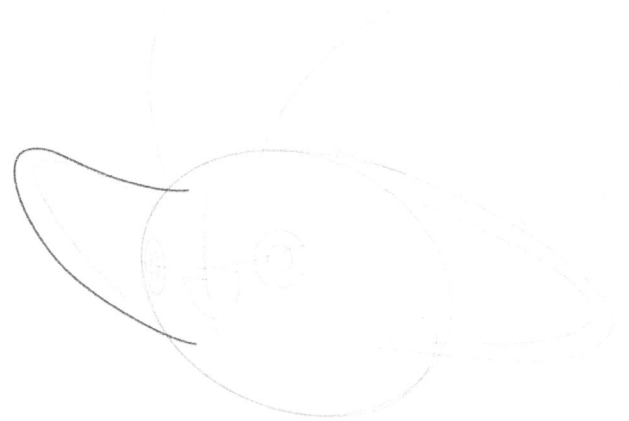

Step 3

MARILL

Step 6

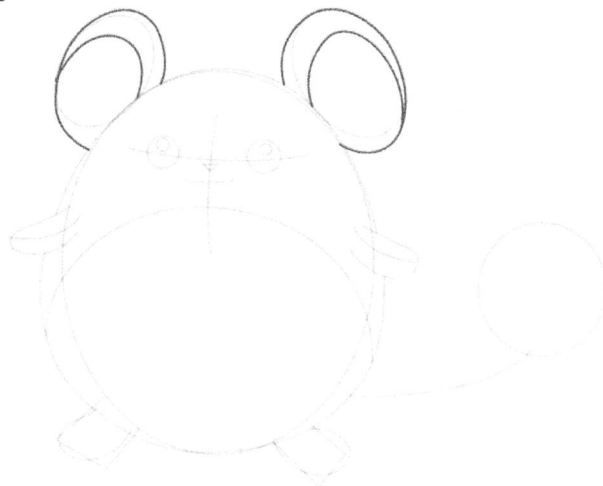

Step 2

Step 6

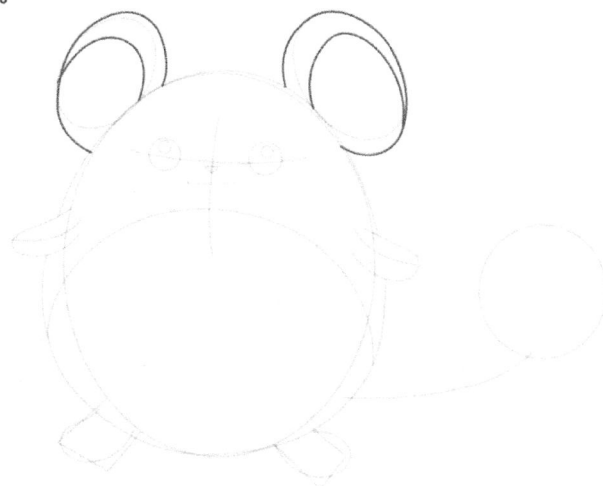

Step 1

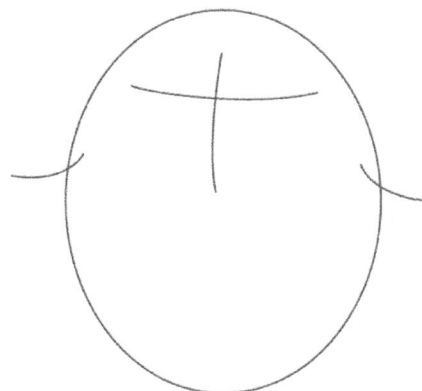

Step 4

MEGA LATIAS

Step 3

Step 6

Step 2

Step 5

Step 1

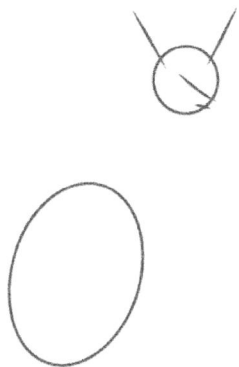

Step 4

Step 8

MEGA LATIAS

Step 8

Step 7

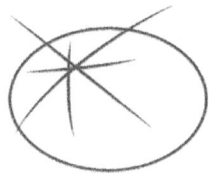

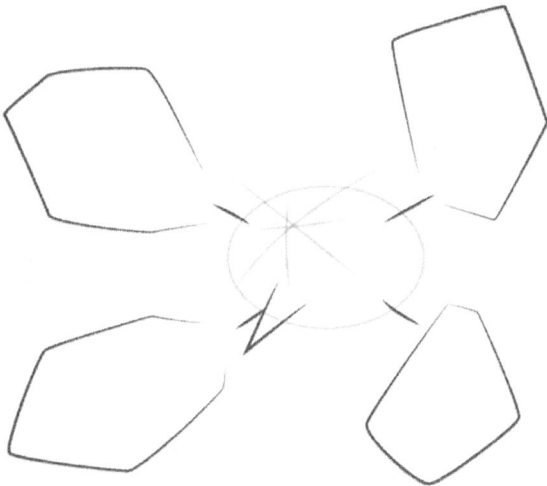

Step 7

Step 10

Step 8

Step 9

MEGA PIDGEOT

Step 1

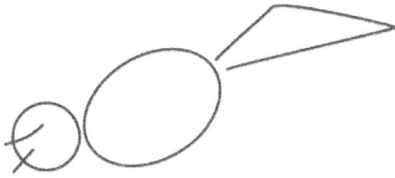

Step 2

Step 3

Step 4

Step 5

Step 6

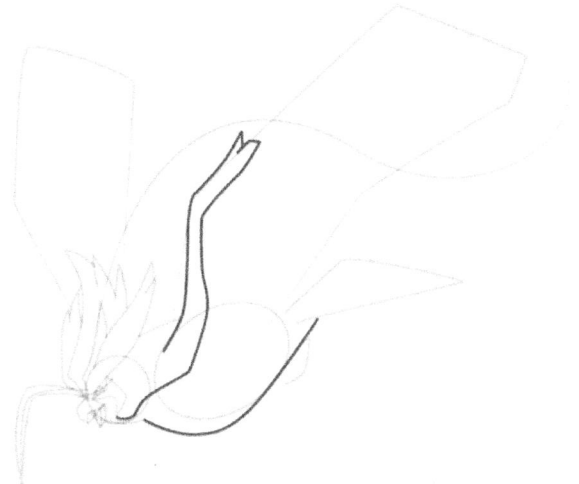

MEGA PIDGEOT

Step 7

Step 10

Step 8

Step 11

Step 9

Step 12

MEGA RAICHU

Step 1

Step 2

Step 3

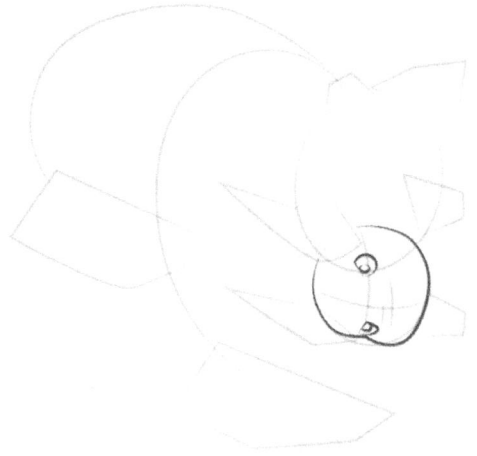

Step 4

Step 5

Step 6

MEGA RAICHU

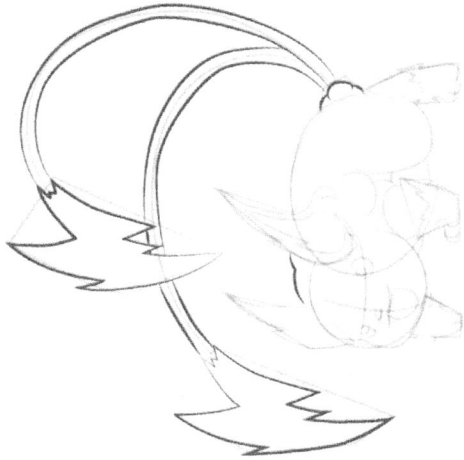

MEGA SCEPTILE

Step 1

Step 4

Step 2

Step 5

Step 3

Step 6

MEGA SCEPTILE

Step 7

Step 8

Step 9

MEOWTH

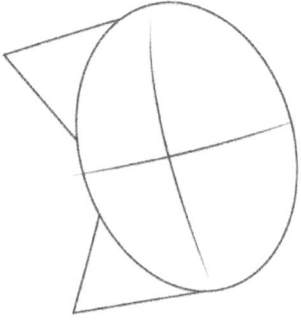

MEOWTH

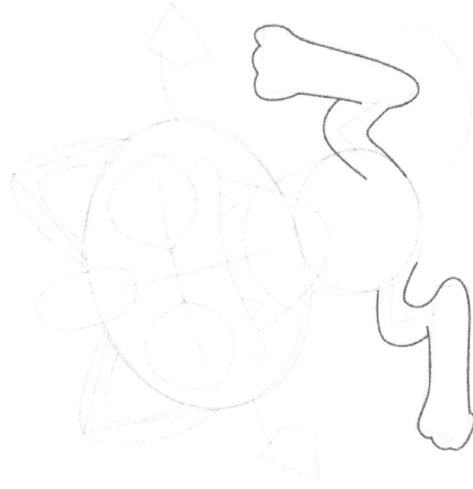

Step 1

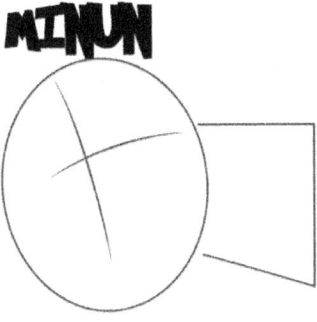

Step 4

Step 2

Step 5

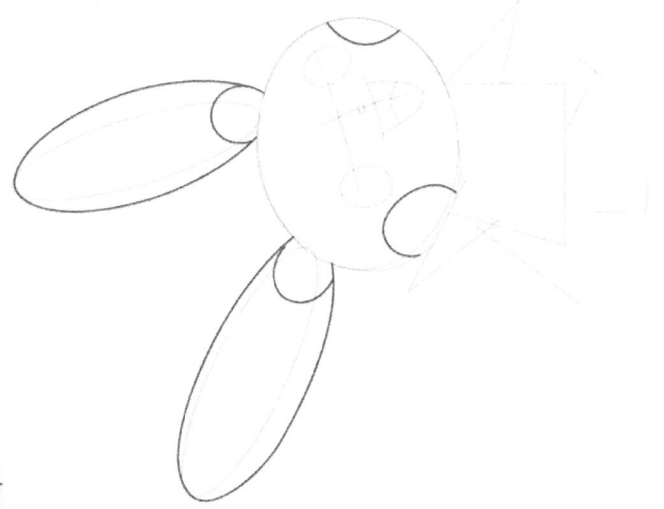

Step 3

Step 6

MUDKIP

Step 1

Step 2

Step 3

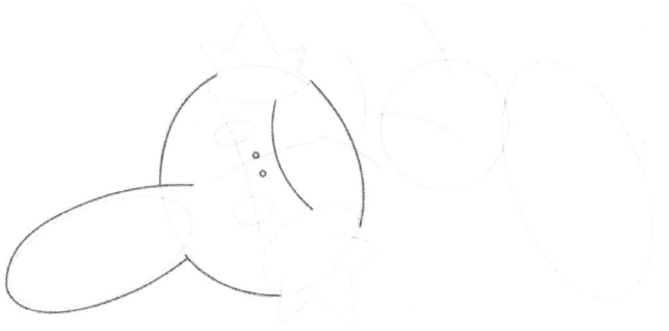

Step 4

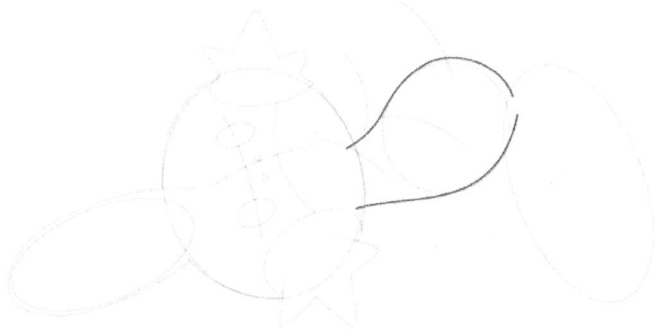

Step 5

Step 6

MUDKIP

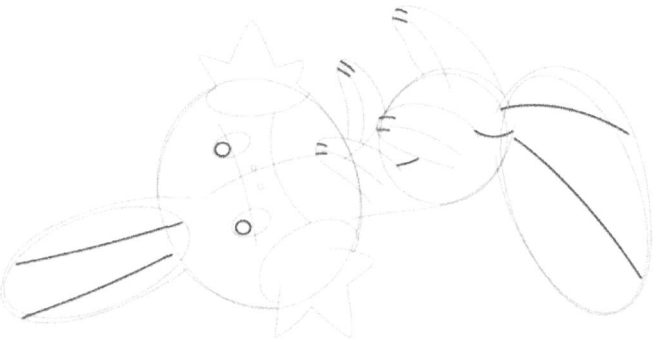

NIDORAN FEMALE

Step 1

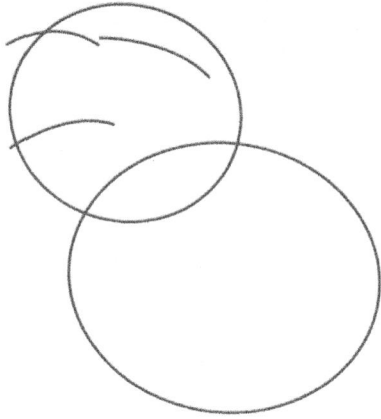

Step 2

Step 3

Step 4

Step 5

Step 6

PACHIRISU

Step 1

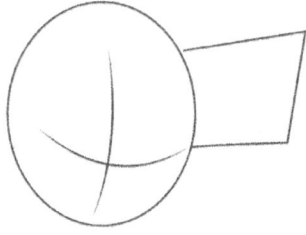

Step 2

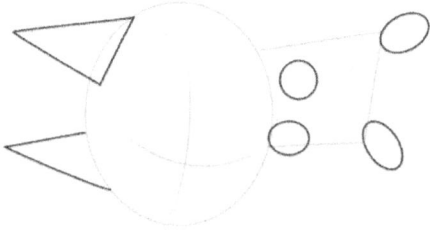

Step 3

Step 4

Step 5

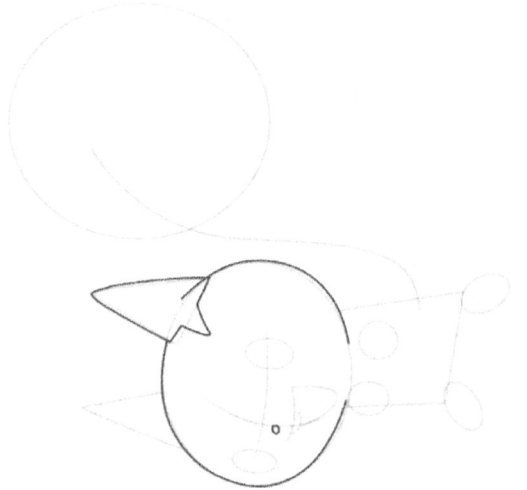

Step 6

PACHIRISU

PICHU

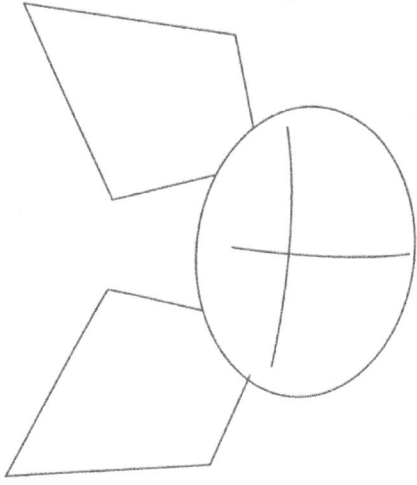

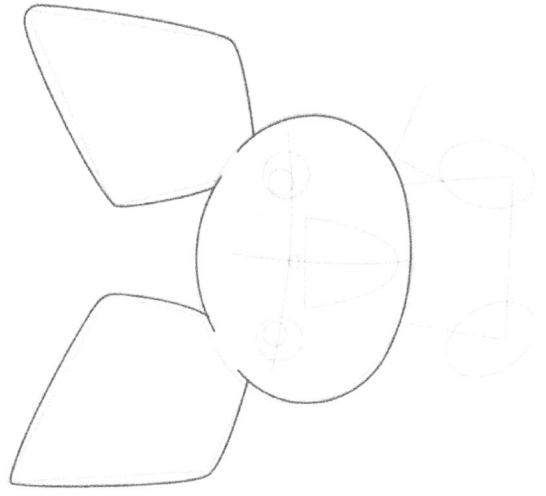

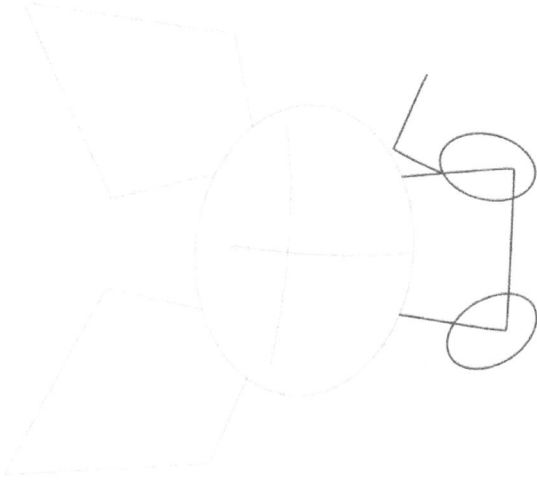

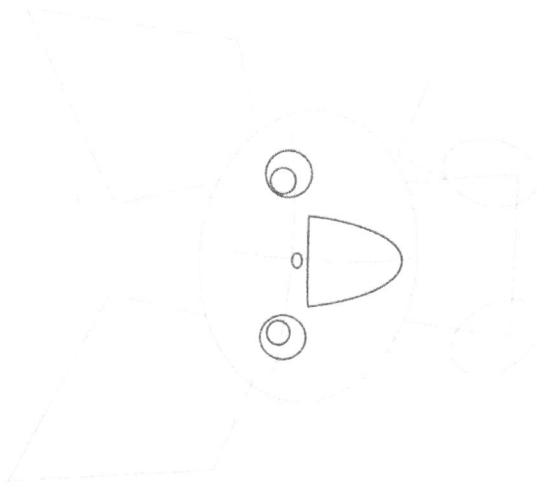

PIPLUP

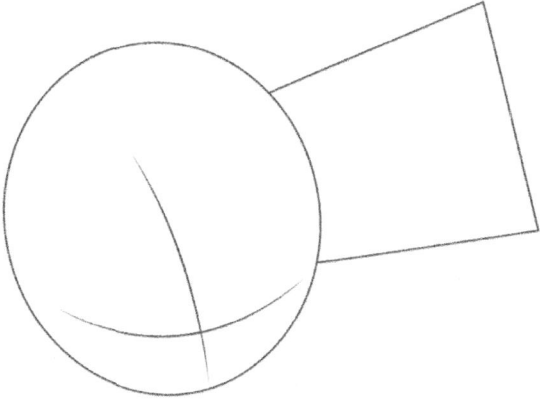

Step 1

Step 4

Step 2

Step 5

Step 3

Step 6

PLUSLE

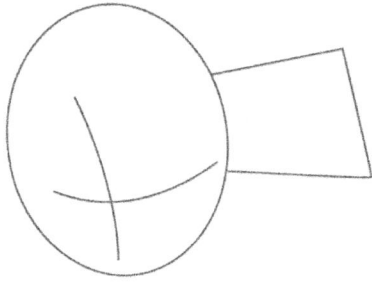

Step 1

Step 4

Step 2

Step 5

Step 3

Step 6

PLUSLE

PRIMAL GROUDON

Step 1

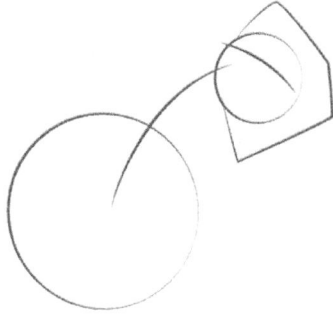

Step 4

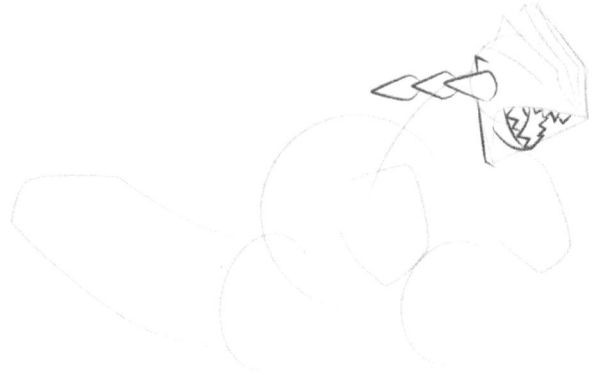

Step 2

Step 5

Step 3

Step 6

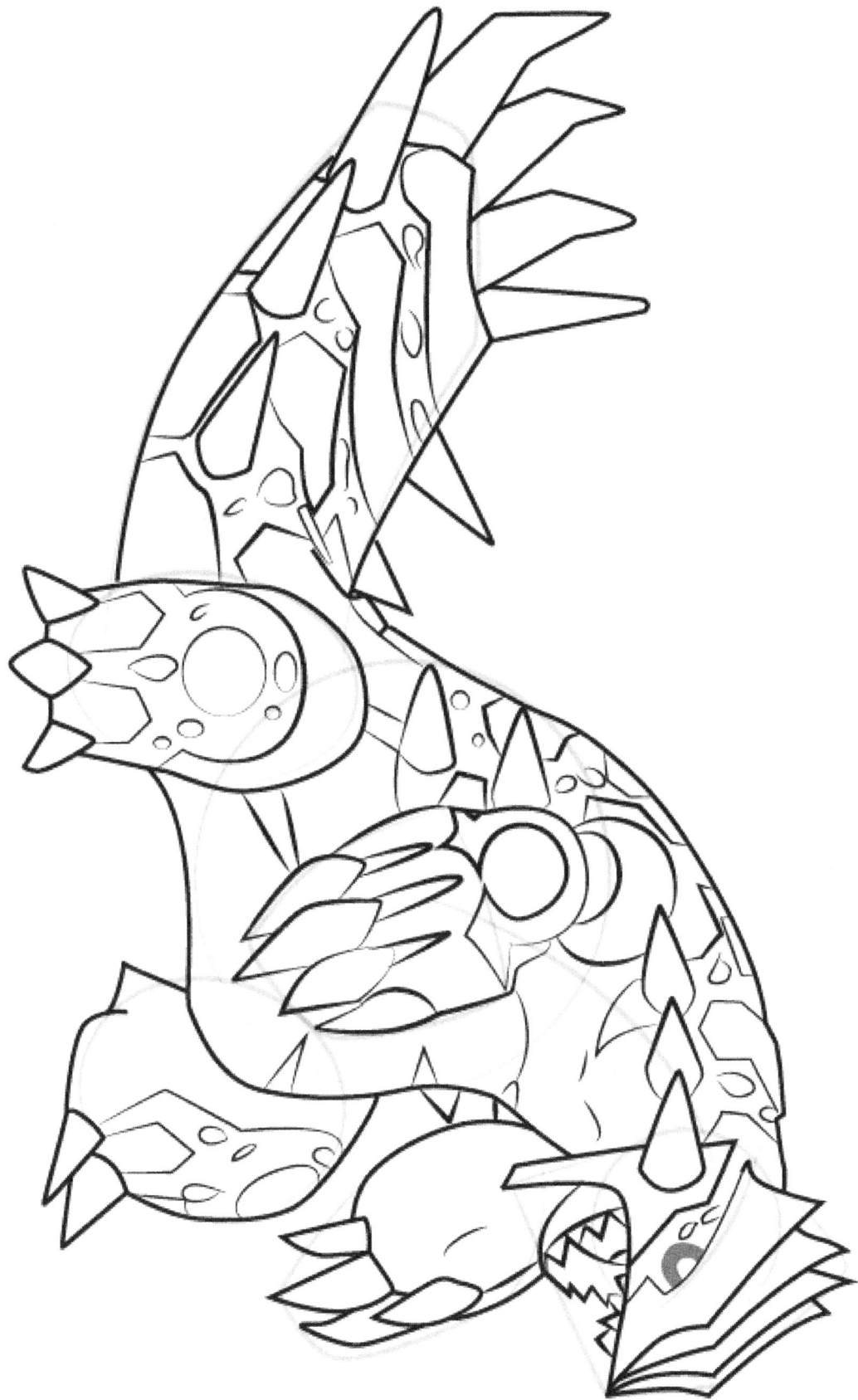

RIBOMBEE

Step 1

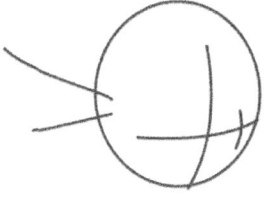

Step 2

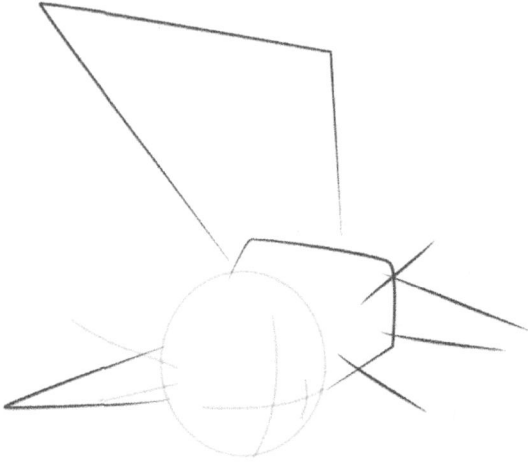

Step 3

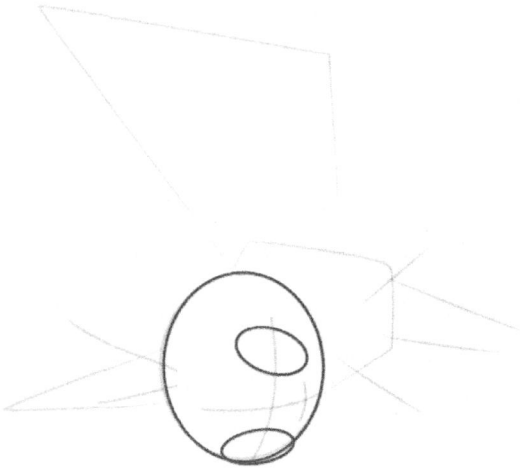

Step 4

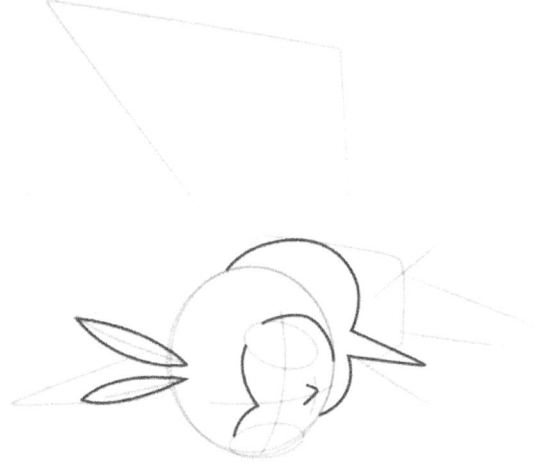

Step 5

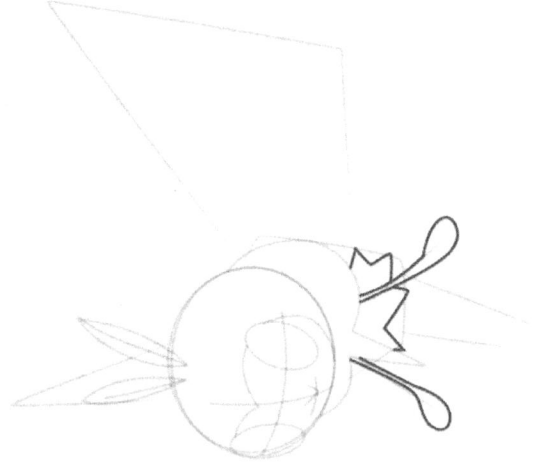

Step 6

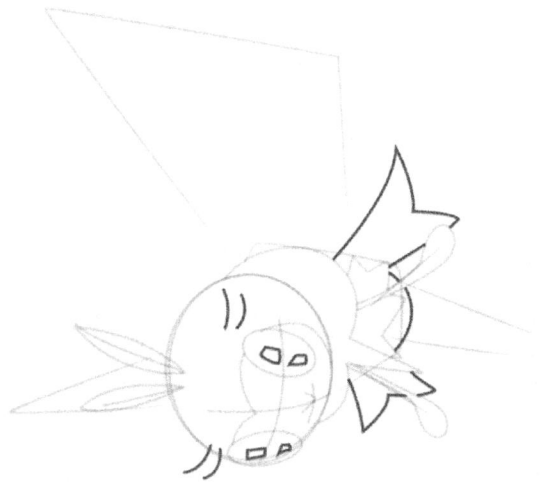

RIBOMBEE

Step 7

Step 8

Step 9

SAWSBUCK - SUMMER

Step 1

Step 2

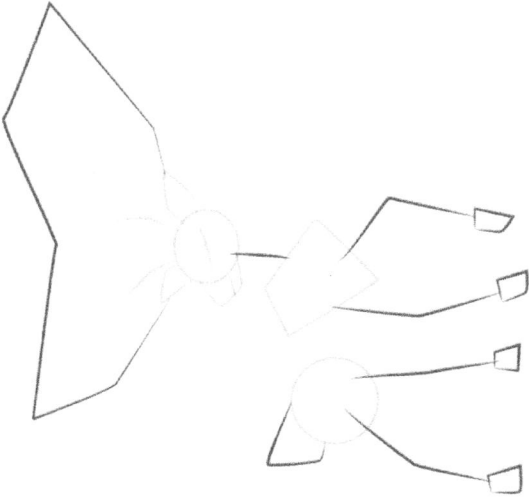

Step 3

Step 4

Step 5

Step 6

SAWSBUCK - SUMMER

SAWSBUCK - WINTER

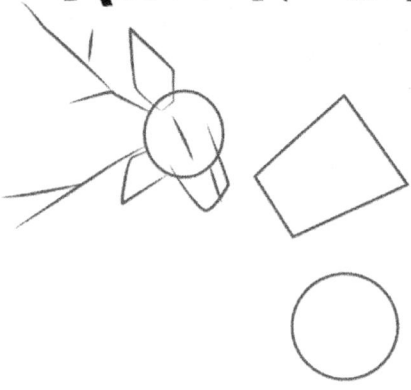

Step 1

Step 2

Step 3

Step 4

Step 5

Step 6

SAWSBUCK - WINTER

Step 1

Step 4

Step 2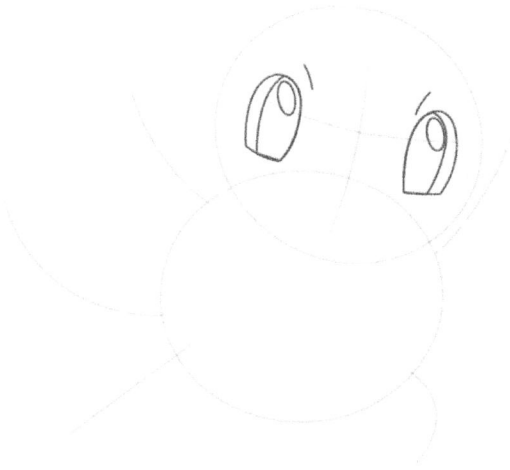

Step 5

Step 3

Step 6

SQUIRTLE

Step 7

Step 10

Step 8

Step 9

TEDDIURSA

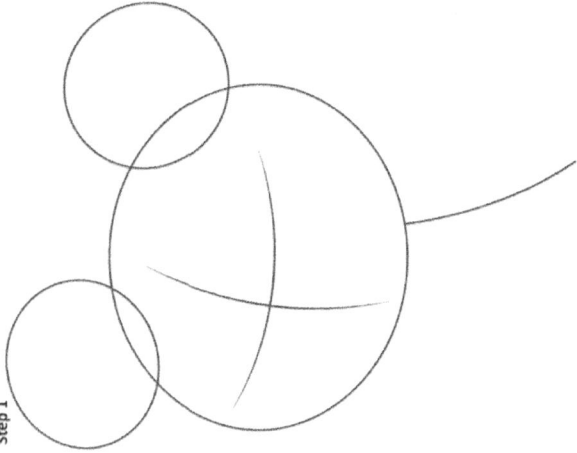

Step 1

Step 4

Step 2

Step 5

Step 3

Step 6

TEDDIURSA

Step 7

Step 10

Step 8

Step 9

TOGEPI

Step 1

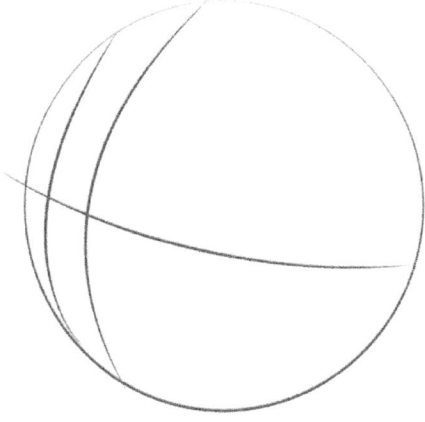

Step 2

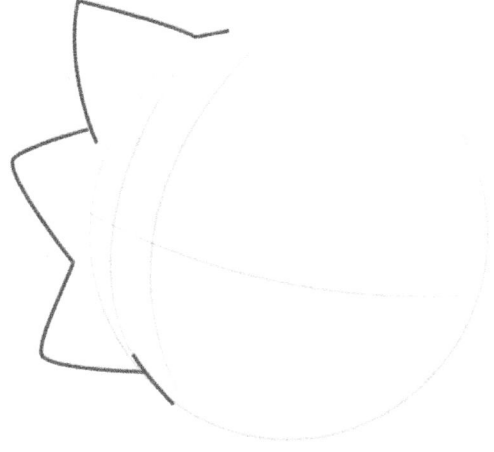

Step 3

Step 4

Step 5

Step 6

TORCHIC

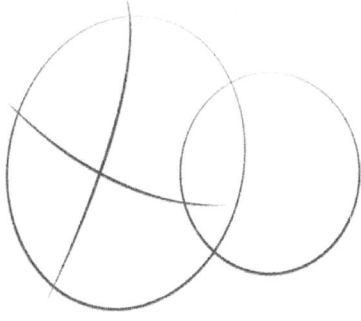

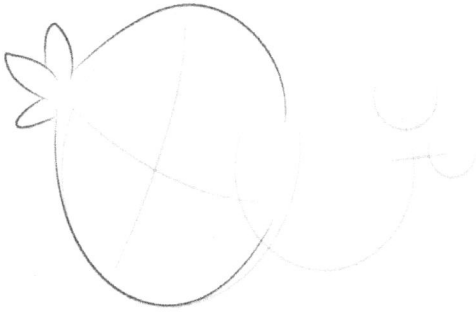

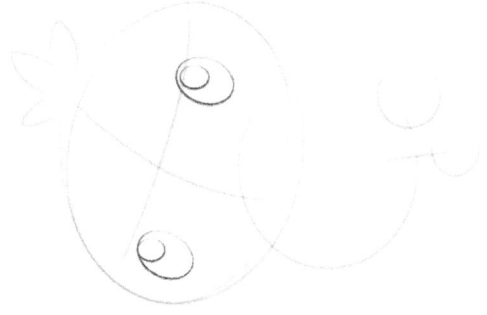

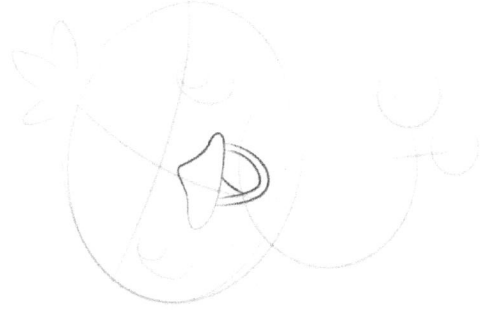

TORCHIC

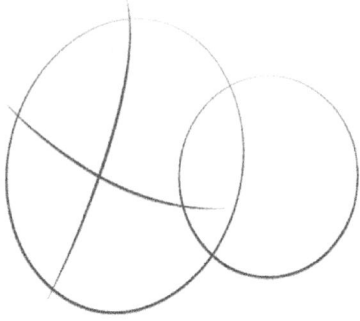

Step 1

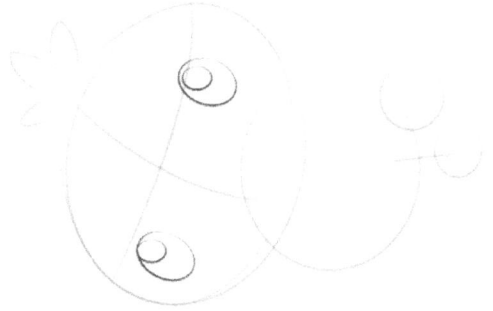

Step 4

Step 2

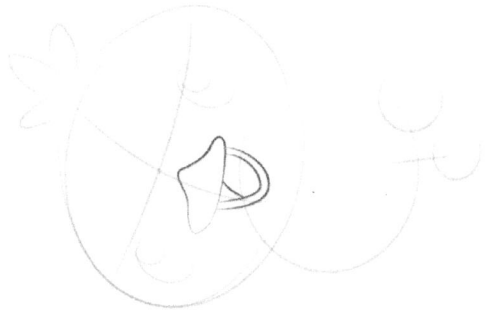

Step 5

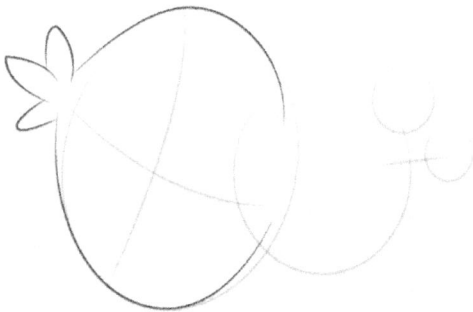

Step 3

Step 6

TOTODILE

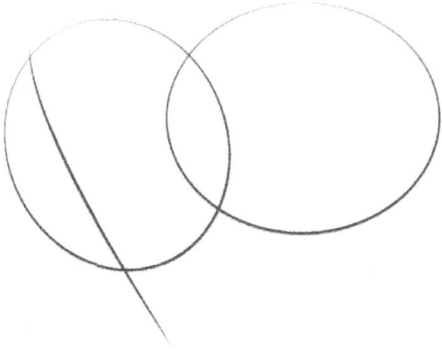

Step 1

Step 4

Step 2

Step 5

Step 3

Step 6

TOTODILE

Step 7

Step 8

Step 9

TREECKO

Step 1

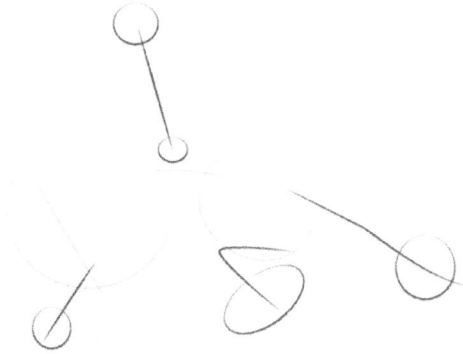

Step 2

Step 3

Step 4

Step 5

Step 6

TURTWIG

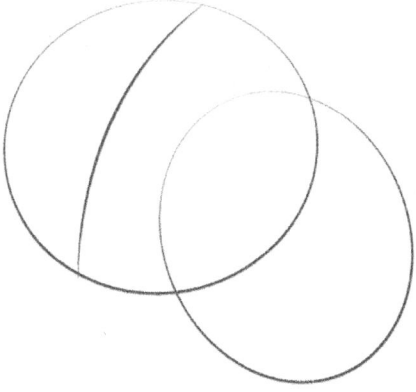

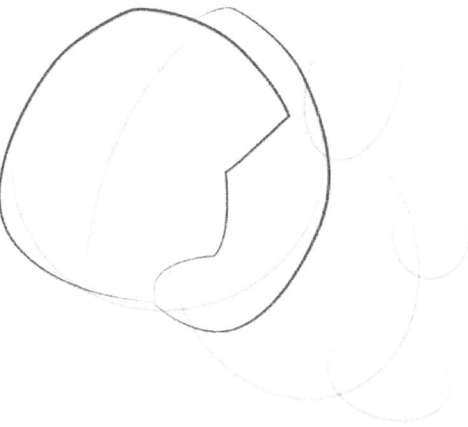

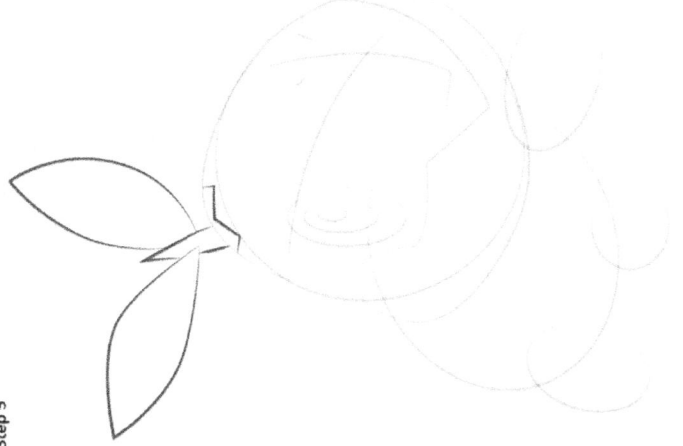

UB ADHESIVE

Step 1

Step 2

Step 3

Step 4

Step 5

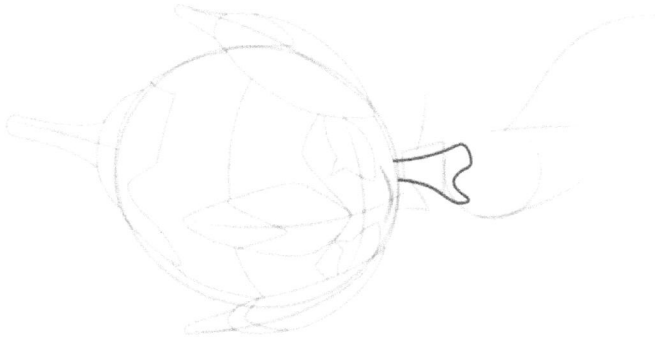

Step 6

UB ADHESIVE

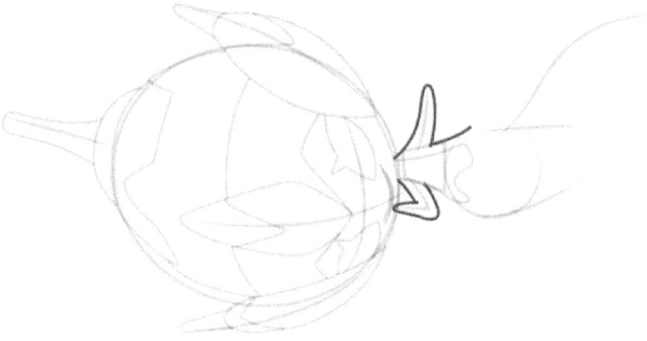

Step 7

Step 10

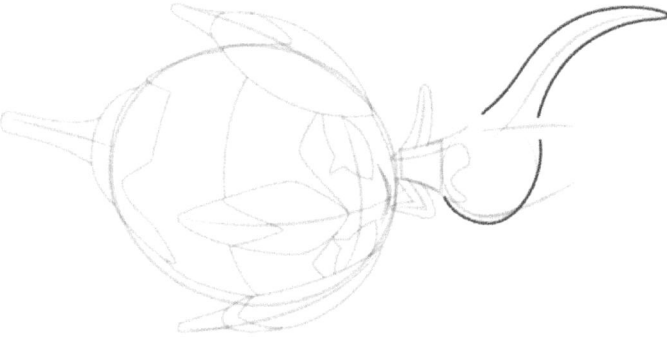

Step 8

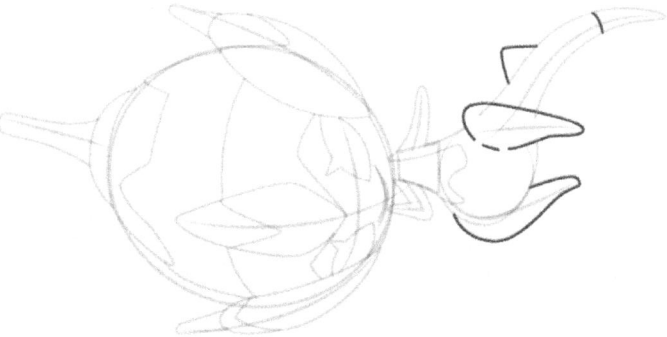

Step 9

Step 1

Step 2

Step 3

Step 4

Step 5

Step 6

ZERAORA

Step 7

Step 10

Step 8

Step 11

Step 9

Step 12

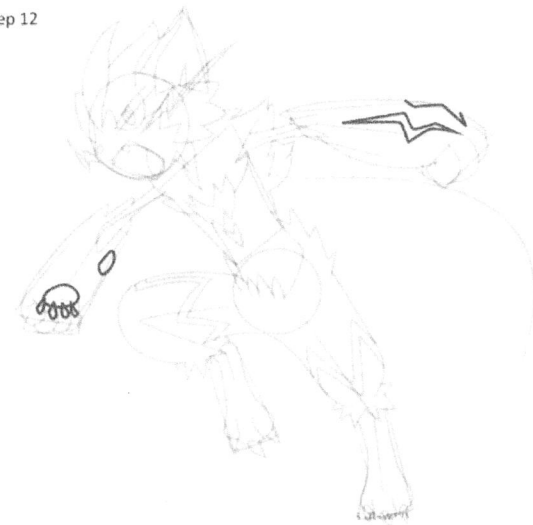

Made in the USA
Middletown, DE
15 December 2020